mini monde vivant

Les grenouilles
et autres amphibiens

Bobbie Kalman

Traduction : Marie-Josée Brière

Les grenouilles et autres amphibiens est la traduction de *Frogs and other Amphibians* de Bobbie Kalman (ISBN 978-0-7787-2217-5).
© 2005, Crabtree Publishing Company, 612 Welland Ave., St. Catharines, Ontario, Canada L2M 5V6

Catalogage avant publication de Bibliothèque et Archives nationales du Québec et Bibliothèque et Archives Canada

Kalman, Bobbie, 1947-

    Les grenouilles et autres amphibiens

    (Mini monde vivant)
    Traduction de : Frogs and other amphibians.
    Comprend un index.
    Pour enfants de 5 à 8 ans.
    ISBN 978-2-89579-319-9

1. Amphibiens - Ouvrages pour la jeunesse. 2. Amphibiens - Ouvrages illustrés - Ouvrages pour la jeunesse. I. Titre.

QL644.2.K3414 2010   j597.8   C2010-940731-8

Recherche de photos
Crystal Foxton

Conseillère
Patricia Loesche, Ph.D., Programme de comportement animal, Département de psychologie, Université de Washington

Illustrations
Barbara Bedell : pages 5 (necture), 8, 14 (en haut, à gauche et à droite), 18 (en haut, à gauche et à droite, limace), 26, 31 (au milieu) et 32 (grenouille, habitats, necture et triton)
Katherine Kantor : pages 10 (au milieu à gauche), 14 (au milieu à gauche), 18 (moustique) et 32 (poumons et colonne vertébrale)
Margaret Amy Reiach : pages 16 (en haut, à gauche et à droite), 18 (araignée) et 31 (en bas)
Bonna Rouse : pages 4, 5 (sauf necture), 7 (à droite), 12, 16 (en bas, à gauche et à droite), 17, 18 (ver de terre), 23, 27, 28, 30 (en bas) et 32 (cécilie, salamandre, sirène et crapaud)
Tiffany Wybouw : pages 7 (à gauche), 9, 10 (en haut, à gauche et à droite), 20, 22, 24 et 30 (en haut, à gauche et à droite)

Photos
Bruce Coleman, Inc. : Jack Dermid : page 27 (en bas) ; Kim Taylor : page 19
AbleStock/Index Stock : page 27 (en haut à droite)
© Dwight Kuhn : page 13 (en bas)
Robert McCaw : page 13 (en haut)
Minden Pictures : Michael & Patricia Fogden : page 29
Photo Researchers, Inc. : Stephen Dalton : pages 18 et 22 (en bas à gauche) : Mark Smith : page 11 (en bas)
Autres images : Corel et Digital Vision

Nous reconnaissons l'aide financière du gouvernement du Canada par l'entremise du Programme d'aide au développement de l'industrie de l'édition (PADIÉ) pour nos activités d'édition.

Conseil des Arts   **Canada Council**
du Canada   **for the Arts**

Bayard Canada Livres inc. remercie le Conseil des Arts du Canada du soutien accordé à son programme d'édition dans le cadre du Programme des subventions globales aux éditeurs.

Cet ouvrage a été publié avec le soutien de la SODEC.
Gouvernement du Québec – Programme de crédit d'impôt pour l'édition de livres – Gestion SODEC.

Dépôt légal –
Bibliothèque et Archives nationales du Québec, 2010
Bibliothèque et Archives Canada, 2010

Direction : Andrée-Anne Gratton
Graphisme : Mardigrafe
Traduction : Marie-Josée Brière
Révision : Johanne Champagne

© Bayard Canada Livres inc., 2010
4475, rue Frontenac
Montréal (Québec)
Canada H2H 2S2
Téléphone : 514 844-2111 ou 1 866 844-2111
Télécopieur : 514 278-0072
Courriel : **edition@bayardcanada.com**
Site Internet : **www.bayardlivres.ca**

Imprimé au Canada

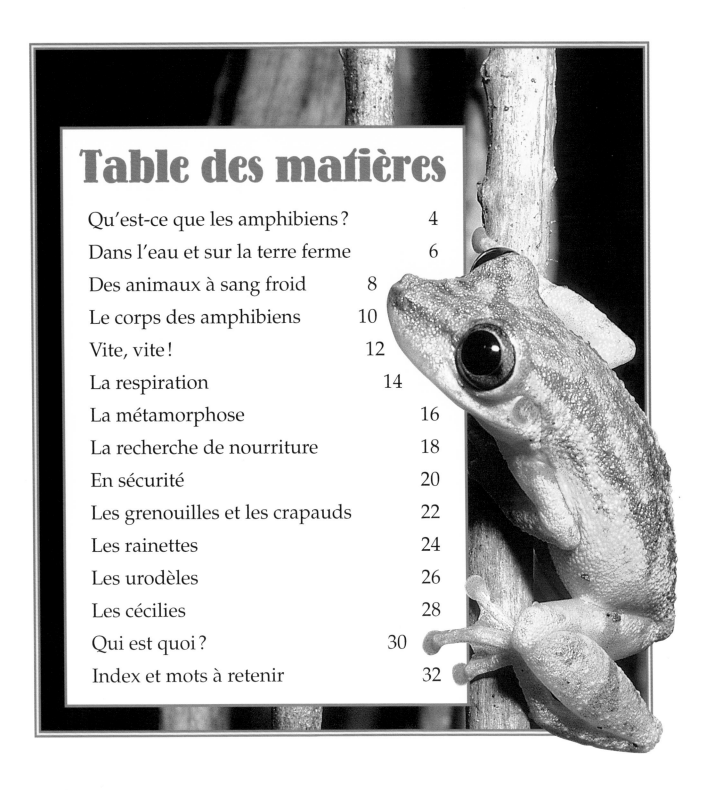

Table des matières

Qu'est-ce que les amphibiens ?

dendrobate

Les amphibiens sont des animaux. Il en existe de nombreuses espèces ! Ces espèces forment trois groupes distincts, que nous te présentons ici.

Les anoures

Le groupe des anoures comprend notamment les **grenouilles** et les **crapauds**. C'est le plus grand groupe d'amphibiens. Ces animaux n'ont pas de queue à l'âge adulte.

crapaud buffle

cécilie

Les cécilies

Les **cécilies** ont un long corps mince. Elles forment un autre groupe d'amphibiens.

sirène

Les urodèles

Les amphibiens qui ont une queue à l'âge adulte forment le groupe des urodèles. Les **sirènes**, les **salamandres**, les **tritons** et les **nectures** appartiennent à ce groupe.

salamandre

triton

necture

5

Dans l'eau et sur la terre ferme

Le mot « amphibien » signifie « qui a deux vies ».
La vie des amphibiens se divise en effet en deux
parties. La première partie se déroule dans l'eau.
C'est là que vivent les amphibiens quand ils sont
jeunes. Une fois à l'âge adulte, la plupart des
amphibiens vivent surtout sur la terre ferme.

Quand elle était jeune, cette salamandre vivait dans un étang ou dans une rivière.
Maintenant qu'elle est adulte, elle vit sur la terre ferme.

Deux habitats

Les amphibiens occupent deux **habitats** différents au cours de leur vie. Un habitat, c'est l'endroit où un animal vit dans la nature. Les jeunes amphibiens vivent dans des habitats aquatiques, par exemple des étangs, des marais et des lacs. Les adultes, eux, vivent dans des habitats terrestres, par exemple dans des forêts près de l'eau.

Le ouaouaron vit au bord d'un lac ou d'un étang.
Il passe une partie de son temps dans l'eau et une autre partie sur la terre ferme.

Des animaux à sang froid

Les amphibiens sont des animaux à sang froid. Autrement dit, la température de leur corps est la même que celle de leur environnement. Quand il fait froid, le corps des amphibiens est froid. Quand il fait chaud, leur corps est chaud.

Certains amphibiens vivent dans des régions chaudes, et d'autres dans des régions froides. Cette rainette vit en Amérique du Sud, dans un endroit où il fait chaud.

Plus chaud, plus froid

Quand un amphibien a trop chaud, il doit rafraîchir son corps. Alors, il saute à l'eau ou se réfugie à l'ombre. Et quand il a trop froid, il doit réchauffer son corps, par exemple en s'installant au soleil.

La salamandre qu'on voit ci-dessus se réchauffe au soleil. Et la grenouille, à droite, saute à l'eau pour se rafraîchir.

Le corps des amphibiens

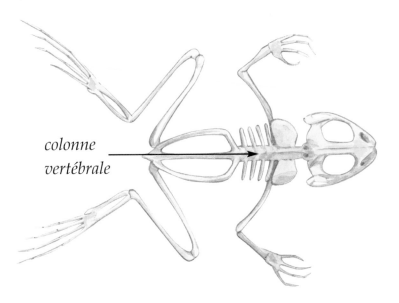

colonne
vertébrale

Le corps des amphibiens est différent selon les groupes. Tous les amphibiens ont cependant une **colonne vertébrale**. C'est une série d'os au milieu de leur dos.

Les anoures

Les anoures ont un petit corps arrondi.

Les anoures ont quatre pattes. Les pattes arrière des grenouilles sont longues, tandis que celles des crapauds sont un peu plus courtes.

La plupart des anoures ont de gros yeux placés assez haut sur leur tête.

10

Les urodèles

Les urodèles ont un long corps mince.

Les urodèles ont une longue queue.

La plupart des urodèles ont quatre petites pattes.

Les cécilies

Les cécilies ont des os solides dans la tête.

Le corps des cécilies est long et fin. Ces amphibiens ressemblent à de gros vers.

Les cécilies ont de petits yeux.

Vite, vite !

Les amphibiens se déplacent rapidement sur la terre ferme. Les grenouilles ont des pattes arrière puissantes, qui leur permettent de faire de grands bonds dans les airs. Les urodèles, eux, ont de petites pattes dont ils se servent pour marcher ou courir. Quant aux cécilies, elles rampent, ce qui veut dire qu'elles glissent sur le ventre.

Les salamandres marchent lentement, mais elles sont capables de courir si elles sont en danger.

De bons nageurs

La plupart des amphibiens sont très à l'aise dans l'eau. Les grenouilles nagent en donnant des poussées avec leurs pattes arrière. Les cécilies et certaines espèces d'urodèles agitent plutôt leur longue queue de gauche à droite. D'autres urodèles marchent au fond des lacs ou des étangs où ils vivent.

Après avoir nagé longtemps, les grenouilles se reposent parfois sur des feuilles de nénuphars.

Des pattes palmées

Certaines grenouilles passent presque tout leur temps dans l'eau. C'est pourquoi elles ont des pattes palmées, c'est-à-dire que leurs doigts sont reliés par une mince couche de peau. Ces pattes palmées leur permettent de nager plus vite.

La respiration

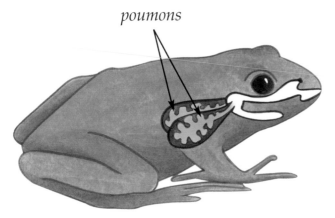

poumons

Les poumons sont les organes qui permettent d'aspirer l'air et de l'expulser.

Tous les amphibiens doivent respirer de l'oxygène pour rester en vie. L'oxygène est un gaz qu'on retrouve dans l'air et dans l'eau. La plupart des amphibiens adultes respirent de l'air à l'aide de **poumons** situés à l'intérieur de leur corps.

Les grenouilles ne peuvent pas se servir de leurs poumons pour respirer sous l'eau. Elles doivent donc sortir de l'eau pour avoir de l'air.

Par la peau

La plupart des amphibiens respirent par les poumons, mais aussi par la peau ! Leur peau est pleine de minuscules trous appelés « pores ». Ces pores laissent entrer une partie de l'oxygène dont les amphibiens ont besoin. Il y a même des amphibiens qui n'ont pas de poumons et qui respirent uniquement par les pores de leur peau.

Cette salamandre n'a pas de poumons. Elle respire par les pores de la peau.

Une peau glissante

Les amphibiens ne peuvent pas absorber d'oxygène par la peau si celle-ci est sèche. Leur peau doit donc toujours être humide. La peau des amphibiens est couverte de mucus, une substance gluante qui en maintient l'humidité. C'est ce qui la rend luisante.

La métamorphose

Tous les animaux passent par une série de changements entre la naissance et l'âge adulte. Chez beaucoup d'espèces, les bébés naissants ressemblent déjà à des adultes en miniature, et leur corps ne changera pas beaucoup avec le temps. Les amphibiens, eux, se transforment complètement. C'est ce qu'on appelle une « métamorphose ».

têtard   *branchies internes*

œufs

Dans l'œuf

Les grenouilles commencent leur vie dans un œuf. Les femelles pondent leurs œufs dans l'eau, parfois des milliers à la fois! Les œufs sont couverts d'une gelée molle.

Le têtard

Quand il sort de l'œuf, le bébé grenouille est à l'état de têtard. Il vit dans l'eau et n'a pas encore de poumons. Comme les poissons, il a donc des **branchies** pour respirer. Les branchies sont les organes qui permettent de tirer l'oxygène de l'eau. Au début, le têtard a une longue queue, mais pas de pattes. Ses deux pattes arrière pousseront après un certain temps, suivies des pattes avant.

La jeune grenouille

La jeune grenouille a de petites pattes avant et arrière. Elle a encore sa queue, qui raccourcit à mesure que le reste de son corps grossit. La petite grenouille a maintenant des poumons. Elle s'en sert pour respirer de l'air.

La grenouille adulte

Une fois adulte, la grenouille n'a plus de queue, ni de branchies. Elle peut maintenant vivre sur la terre ferme.

jeune grenouille

grenouille adulte

La recherche de nourriture

ver de terre

araignée

Les amphibiens adultes sont des prédateurs. Pour se nourrir, ils chassent d'autres animaux, qu'on appelle leurs « proies ». Les amphibiens mangent toutes sortes de proies : des limaces, des vers de terre et des araignées, et aussi des insectes comme les mouches et les moustiques.

limace

moustique

*Les gros amphibiens, comme cette grenouille cornue,
peuvent manger des proies aussi grosses que des souris.*

Cette grenouille a sorti sa longue langue pour attraper une libellule.

À la chasse

La plupart des anoures et des urodèles ont une longue langue visqueuse. Ils s'en servent pour attraper leurs proies. Quand une grenouille voit un insecte, elle sort sa langue de sa bouche et la colle sur l'insecte. Elle rentre ensuite sa langue et mange sa proie.

Cette grenouille est verte, tout comme la feuille sur laquelle elle se trouve. Cette coloration l'aide à se cacher de ses prédateurs.

Les amphibiens servent de proies à de nombreux animaux. Ils ont différents trucs pour se cacher de leurs prédateurs. Beaucoup d'amphibiens ont une peau dont la couleur se confond avec celle de leur habitat. Ainsi, les prédateurs ont du mal à les distinguer. D'autres amphibiens sortent seulement la nuit, quand ils sont plus difficiles à voir.

La plupart des salamandres sortent seulement la nuit. Elles se cachent dans des troncs d'arbres ou sous des pierres pendant le jour.

Des couleurs vives

Certains amphibiens ont dans la peau un poison qui leur donne un très mauvais goût. Ils n'ont donc pas besoin de se cacher de leurs prédateurs. Au contraire, ils ont une peau vivement colorée, qu'on peut voir facilement. La plupart des prédateurs savent alors qu'il vaut mieux ne pas s'approcher d'eux.

Ce triton de Californie a du poison dans la peau. Ce poison est tellement puissant qu'il peut tuer même des serpents et des oiseaux de bonne taille !

Ces dendrobates bleus n'ont pas besoin de se cacher pendant la journée. Quand les prédateurs voient leur couleur vive, ils préfèrent ne pas s'approcher !

Les grenouilles et les crapauds

Cette rainette verte de Tanzanie est une des plus petites grenouilles au monde.

Les grenouilles et les crapauds font partie du groupe des anoures. C'est le plus grand des trois groupes d'amphibiens. Il en existe des milliers d'espèces! Certains de ces animaux sont gros, d'autres sont petits. Certains ont une peau très colorée, d'autres sont d'un brun ou d'un vert terne. Sais-tu quelles sont les différences entre les grenouilles et les crapauds? Si tu l'ignores, tu les découvriras à la page suivante!

Ce crapaud sonneur oriental a des marques noires et rouges sur le ventre.

La plupart des dendrobates sont très colorés, par exemple rouges, orangés ou jaunes.

La peau de la grenouille tomate est rouge… comme une tomate!

Grenouille ou crapaud?

Il est parfois difficile de dire si un anoure est une grenouille ou un crapaud. Tu trouveras dans le tableau ci-dessous quelques-unes des différences entre ces animaux.

grenouille

crapaud

Les grenouilles

- Les grenouilles ont la peau lisse.
- Les grenouilles ont la peau humide.
- Les grenouilles ont de longues pattes arrière.
- Les grenouilles sont de bonnes sauteuses.

Les crapauds

- Les crapauds ont des bosses sur la peau.
- La peau des crapauds est plus sèche que celle des grenouilles.
- Les crapauds ont les pattes arrière plus courtes que les grenouilles.
- Les crapauds marchent plus souvent qu'ils ne sautent.

Les rainettes

Il y a des grenouilles qui passent leur vie
dans les arbres. On les appelle des « rainettes ».
Ce sont d'excellentes grimpeuses ! Certaines
espèces de rainettes ne vivent pas en permanence
dans les arbres. Elles passent aussi du temps
au sol, dans les hautes herbes.

La plupart des rainettes sont petites et légères, ce qui les aide à garder leur équilibre sur les branches et les feuilles des arbres.

Des orteils à ventouses

Les rainettes ont de petits disques adhésifs sous les orteils. Ces disques agissent comme des ventouses et aident les rainettes à ne pas glisser quand elles grimpent dans les arbres. Ainsi, les deux rainettes aux yeux rouges qu'on voit ici sont accrochées par les orteils !

disque adhésif

Les rainettes écartent les orteils pour mieux se tenir aux branches.

Les urodèles

Les salamandres, les tritons, les sirènes et les nectures forment le groupe des amphibiens appelés « urodèles ». Les tritons et les salamandres commencent leur vie dans l'eau. Beaucoup vivent sur la terre ferme une fois à l'âge adulte, comme les autres amphibiens. Mais d'autres ne quittent jamais leur habitat aquatique !

Bon nombre des salamandres qui ont un habitat terrestre vivent dans les forêts. Elles se nourrissent d'animaux qui se déplacent lentement, comme les vers de terre et les escargots. Cette salamandre maculée essaie d'attraper un ver de terre.

La vie dans l'eau

Les sirènes et les nectures passent toute leur vie dans l'eau. Ils respirent à l'aide de branchies. Ces urodèles se nourrissent de petits poissons et d'insectes.

Ce necture respire à l'aide de branchies situées à l'extérieur de son corps.

branchies

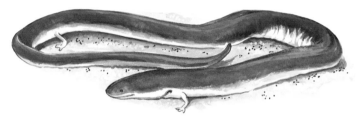

Cette salamandre vit sous l'eau, même à l'âge adulte. C'est un amphiume tridactyle.

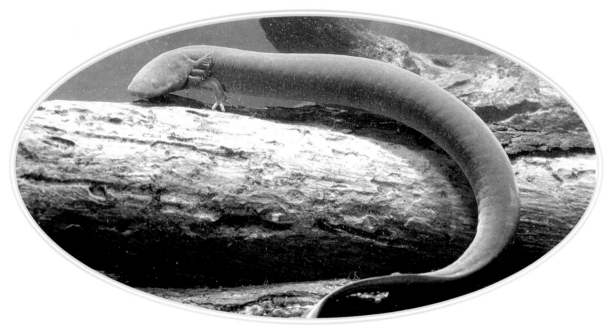

La sirène a de petites pattes avant et pas de pattes arrière.

 # Les cécilies

La plupart des cécilies vivent dans des endroits chauds, souvent dans des habitations souterraines appelées « terriers ». Les cécilies sortent parfois du sol après la pluie. Elles s'installent dans les flaques d'eau et absorbent l'eau par leurs pores. Quelques espèces de cécilies vivent en permanence dans l'eau.

Pour s'orienter

La plupart des cécilies ne voient pas très bien parce qu'elles ont de petits yeux. De toute manière, elles vivent sous la terre, où il fait noir. Certaines cécilies ont de chaque côté de la bouche des petits barbillons qui leur servent à s'orienter, et peut-être aussi à capter les odeurs.

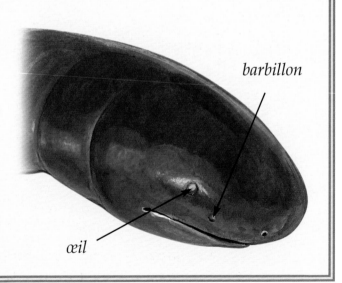

barbillon

œil

La plupart des cécilies passent beaucoup de temps sous terre.
C'est pourquoi les gens n'en voient pas très souvent.

Qui est quoi ?

En lisant ce livre, tu as appris beaucoup de choses sur les grenouilles et les autres amphibiens. C'est maintenant le temps de voir si tu t'en souviens ! Nous te proposons ici quelques devinettes. Tes nouvelles connaissances t'aideront à les résoudre !

Devinette n° 1

Je ressemble à une grenouille,
mais j'ai des bosses sur la peau.

Comme mes pattes arrière
sont courtes,

je ne saute pas bien haut !

(Tu trouveras un indice à la page 23.)

Devinette n° 2

J'ai une longue queue, comme les tritons,
et je me déplace lentement.

Des vers de terre et des escargots,
c'est ce que je mange habituellement.

(Tu as besoin d'aide ? Va voir à la page 26.)

Bravo !

Tu te débrouilles très bien !
Voici donc deux autres
devinettes. Tu trouveras toutes
les réponses au bas de la page.

Devinette n° 3

Je vis dans les arbres.

Je suis une grimpeuse sans pareille.

Pour m'accrocher aux branches,

j'ai des ventouses sous les orteils.

*(Tu trouveras des indices
aux pages 24-25.)*

Devinette n° 4

Je vis sous la terre

et j'ai de tout petits yeux.

Si tu devines qui je suis,

c'est tant mieux !

(Pour avoir des indices, va voir aux pages 28-29.)

Réponses :

1. Un crapaud
2. Une salamandre
3. Une rainette
4. Une cécilie

Index et mots à retenir

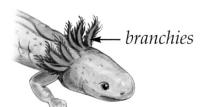

 branchies

colonne vertébrale

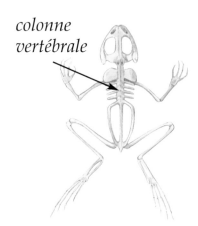

étang

poumons

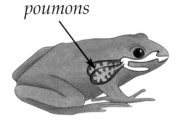